Sabine Gerke Gräfin von Lilienthal

INTERNET MARKETING FÜR MÜTTER UND VÄTER DIE ZU HAUSE BLEIBEN

Bibliografische Information der Deutschen Nationalbibliothek:
Die Deutsche Nationalbibliothek verzeichnet diese Publikation in
der Deutschen Nationalbibliografie; detaillierte bibliografische
Daten sind im Internet über http://dnb.dnb.de abrufbar.
© 2021 Sabine Gerke Gräfin von Lilienthal
Herstellung und Verlag: BoD – Books on Demand, Norderstedt
ISBN: 978-3-7543-453-75

Inhalt

1. Einleitung

Es gibt viele Mütter, die zu Hause bleiben und davon träumen, von zuhause aus zusätzliches Geld zu verdienen, während sie auf ihre Kinder aufpassen. Dies kann wirklich Realität werden, wenn Sie es richtig angehen. Es gibt mehrere Fälle, in denen Mütter zu Hause bleiben und mit Internet-Marketing online viel Geld verdienen.

Das Gute ist, dass Sie die Zeit finden, Ihr Online-Geschäft mit Hilfe Ihrer Familie (und vielleicht sogar Freunden) aufzubauen. Sie müssen sich Ihrem Online-Geschäft widmen, um es zum Erfolg zu führen, und Sie müssen viel lernen, wenn Sie neu im Internet-Marketing sind.

Der Aufbau eines erfolgreichen Online-Geschäfts ist eine sehr lohnende und befriedigende Sache. Sie können sehr stolz darauf sein, etwas von Grund auf neu geschaffen zu haben, das Ihnen und Ihrer Familie regelmäßig Einkommen bringt, selbst wenn Sie schlafen. Es gibt mehrere gute Gründe, sich zu engagieren, wie Sie in diesem Handbuch erfahren werden.

In diesem Handbuch erfahren Sie, aus welchen verschiedenen Online-Geschäftsmodellen Sie auswählen können, wie Sie die richtige Nische auswählen, um das maximale Gewinnpotenzial zu erzielen, wie Sie Ihre erste Website erstellen und wie Sie Besucher dazu bringen, diese Website zu nutzen kann Geld verdienen.

Wir haben in diesem Leitfaden nichts unversucht gelassen. Alles, was Sie brauchen, um mit dem Internet-Marketing als Mutter zu Hause zu beginnen, ist für Sie da. Wir werden Sie Schritt für Schritt durch Ihre aufregende Reise führen.

Wir empfehlen daher, diesen Leitfaden zuerst bis zum Ende zu lesen und dann zum Anfang zurückzukehren und Maßnahmen zu ergreifen. Nur das Lesen dieses Handbuchs bringt nichts. Sie müssen Maßnahmen ergreifen, um ein Erfolg im Internet-Marketing zu erzielen.

Wir wünschen Ihnen viel Erfolg im Internet-Marketing!

2. Ist Internet Marketing das richtige für Sie?

Als Mutter, die zu Hause bleibt und sich um Ihr Kind oder Ihre Kinder kümmert, haben Sie die großartige Gelegenheit, mit Ihrem Computer und einer Verbindung zum Internet Geld zu verdienen. Es gibt viele Internet-Marketing-Modelle, aus denen Sie auswählen können. Einige davon werden wir in diesem Handbuch behandeln.

Das erste, was Sie tun müssen, ist zu beurteilen, ob es für Sie richtig ist, von zu Hause aus im Internet-Marketing zu arbeiten. Es ist nicht jedermanns Sache. Um ein erfolgreicher Internet-Vermarkter zu sein, müssen Sie engagiert sein und sich Zeit nehmen, um die erforderlichen Aufgaben auszuführen. Dies ist nicht immer einfach, wenn Sie Kinder haben, um die Sie sich kümmern müssen.

Die gute Nachricht ist, dass es viele Möglichkeiten gibt, online von zu Hause aus Geld zu verdienen, und dass es eine Lösung geben sollte, die zu Ihnen passt. Sie interessieren sich für Internet-Marketing von zu Hause aus, sonst würden Sie diesen Leitfaden ja nicht lesen, oder?

Deshalb möchten wir Sie davon überzeugen, dass Sie von zu Hause aus online Geld verdienen und gleichzeitig auf Ihre Kinder aufpassen können. Viele andere Mütter, die zu Hause bleiben, tun dies und es gibt keinen Grund, warum Sie es nicht auch tun können.

Es ist wichtig, dass Sie einige Dinge berücksichtigen, bevor Sie sich für ein Online-Geschäftsmodell für Internet-Marketing entscheiden, das zu Ihnen passt. Sie müssen sicherstellen, dass Ihre Kinder in erster Linie betreut werden. Es ist auch die finanzielle Seite zu berücksichtigen.

Hier erhalten Sie alle Tools und sogar ein Fix und Fertiges Produkt, was Sie als Reseller verkaufen dürfen. Dafür sparen sie über **200 Euro**

Gehe dazu hier hin: https://smartphone.sabine-marketing.de/dein-24-stunden-business

3. Unterstützung von Ihrer Familie erhalten

Die Unterstützung Ihrer Familie ist für Sie von entscheidender Bedeutung, um mit Internet-Marketing als Mutter zu Hause erfolgreich zu sein. Nicht alle Ihre Familienmitglieder werden verstehen, was Sie tun werden oder warum Sie es tun. Sie müssen also Ihr Bestes geben, um sich verständlich zu machen.

Sie müssen ununterbrochen Zeit für Ihre Online-Geschäftsaktivitäten aufwenden. Sie müssen Ihrem Partner und Ihren Kindern (wenn sie alt genug sind, um zu verstehen) erklären, dass Sie bei der Arbeit nicht unterbrochen werden möchten. Dies kann für Ihre Kinder schwierig sein, wenn sie daran gewöhnt sind, dass Sie auf jede Laune reagieren.

Wenn Sie kleine Kinder haben, die viel Pflege benötigen, benötigen Sie Unterstützung, das sich um sie kümmert, wenn Sie arbeiten müssen. Wenn Sie einen Partner haben, sollte dieser vollständig hinter Ihnen stehen und bereit sein, die Kinder bei der Arbeit von Ihren Händen zu nehmen.

Deine Mama und Papa und die Mama und Papa deines Partners können ebenfalls dabei helfen, wenn sie bereit sind und einigermaßen in der Nähe leben. Viele Großeltern beschweren sich, dass sie ihre Enkelkinder nicht oft genug sehen - nun, dies ist eine Gelegenheit, dies zu ändern.

Bitten Sie Ihre Familienmitglieder, Ihnen bei anderen Dingen rund um das Haus zu helfen. Wenn Sie Kinder im Teenageralter haben, können diese beim Abwasch, beim Kauf von Lebensmitteln und anderen Dingen helfen. Bringen Sie ihnen den Umgang mit Waschmaschine, Trockner und Geschirrspüler bei. Dies mag anfangs vielleicht nicht so gut ankommen, aber wenn Sie es richtig anstellen, werden sie sehr wahrscheinlich helfen.

4. Betrachten Sie Ihre finanzielle Situation

Eines der besten Dinge beim Start eines Online-Geschäfts von zu Hause aus ist, dass die Kosten viel niedriger sind als bei einem herkömmlichen Geschäft. Aber Sie müssen wahrscheinlich ein bisschen Geld ausgeben, um loszulegen. Sie müssen realistisch sein und akzeptieren, dass es eine Weile dauern wird, bis Sie das gewünschte Einkommen erzielen.

Einige Online-Geschäftsmodelle erfordern mehr Investitionen als andere. Wir werden dies später in diesem Handbuch untersuchen. Hier ist es wichtig, die Kontrolle über Ihre Finanzen zu haben. Sie müssen wissen, was Ihre regelmäßigen Verpflichtungen jeden Monat sind, wie Hypotheken- oder Mietzahlungen, Stromrechnungen, Lebensmittel, Geld für die Kinder und so weiter.

Gehen Sie Ihre monatlichen Kontoauszüge im Detail durch. Geben Sie und Ihre Familie Geld für Dinge aus, die Sie nicht wirklich brauchen? Wenn ja, besprechen Sie mit den betroffenen Familienmitgliedern diese Ausgaben zu kürzen.

Wenn Sie Ihre eigene Webseite erstellen möchten (was eine gute Idee ist), müssen Sie etwa 10 US-Dollar pro Jahr für einen Domain-Namen (Ihre Webseiten-Adresse online) und ein paar Dollar pro Monat für das Webseiten-Hosting (wo sich Ihre ganze Dateien der Webseite befinden und gespeichert werden) ausgeben.

Möglicherweise müssen Sie auch einen Autoresponder-Dienst verwenden (dies ist ein Dienst, bei dem Sie automatisierte E-Mails an Ihre potenziellen Kunden senden können), der etwa 30 Euro pro Monat kostet. Mit einigen Online-Geschäftsmodellen können Sie buchstäblich mit nichts anfangen (z. B. Affiliate-Marketing), und viele Leute haben dies bereits mit Erfolg getan.

5. Sie benötigen eine gute Selbstdisziplin

Die Unterstützung Ihrer Familie und die notwendigen Mittel, um mit Ihrem Online-Geschäft zu beginnen, ist gut, aber es ist nutzlos, wenn Sie nicht die Selbstdisziplin haben, regelmäßig an Ihrem Geschäft zu arbeiten. Es gibt viele mögliche Ablenkungen bei der Arbeit von zu Hause aus. Sie müssen also stark sein und sich auf Ihr Internet-Marketing konzentrieren.

Sie müssen motiviert sein, häufig an Ihrem Online-Geschäft zu arbeiten. Jedes Mal, wenn Sie die Gelegenheit erhalten, an Ihrem Unternehmen zu arbeiten, müssen Sie es nutzen. Der beste Weg, um motiviert zu bleiben, besteht darin, sich einige Ziele zu setzen und ein „Warum" -Statement zu erstellen.

Ihre "Warum" -Aussage ist Ihr Grund für den Start Ihres Online-Geschäfts. Sie müssen darüber nachdenken und dann den Grund oder die Gründe aufschreiben, warum Sie online Geld verdienen möchten. Vielleicht möchten Sie ein neues Zuhause, ein neues Auto kaufen, Ihre Kinder auf gute Schulen schicken oder einen wunderschönen Urlaub machen. Die Gründe sind für Sie persönlich.

Ihre „Warum" -Aussage muss Sie dazu bringen, an Ihrem Online-Geschäft zu arbeiten. Wenn Sie sich mit Internet-Marketing beschäftigen, werden die Dinge nicht immer so ausfallen, wie Sie es erwarten. Das ist der Moment bei dem die schwachen Menschen aufgeben.

Wenn Sie solche Gedanken haben, ist dies etwas, das Sie am Laufen hält - einige Mütter, die zu Hause bleiben, haben zu Hause ein Online-Geschäft aufgebaut, das jetzt Millionen von Dollar wert ist. Suchen Sie einfach danach und Sie werden viele Beispiele finden. Mütter, die zuvor Karriere gemacht haben, verdienen jetzt mehr als das Doppelte ihres Gehalts von zu Hause aus, während sie sich um die Kinder kümmern.

Es kann passieren und es passiert.

Wenn Sie von zuhause aus arbeiten, legen Sie Ihre eigenen Stunden fest. Es gibt keinen Chef, der auf die Forderung antwortet, dass Sie zu einem bestimmten Zeitpunkt mit der Arbeit beginnen. Sie arbeiten, wann Sie wollen und aus praktischer Sicht, wenn Sie können.

Wir empfehlen Ihnen jedoch, Ihre Arbeitszeit zu planen. Sie werden wissen, ob Sie zu bestimmten Tageszeiten kreativer und produktiver sind. Einige Leute bevorzugen Morgen, während andere nachmittags oder abends besser abschneiden. Dies ist deine goldene Zeit.

Eines der Dinge, an denen Sie hart arbeiten müssen, um Ablenkungen zu vermeiden, sind Ablenkungen. Wir sprechen hier nicht über die Kinder, sondern über andere Dinge wie Fernsehen, soziale Medien und Ihr Telefon. Die Menschen verbringen heutzutage viel Zeit in sozialen Medien. Wenn Sie jemand sind, der dies tut, müssen Sie diese Zeit verkürzen.

Fragen Sie sich Folgendes: "Ist es wichtiger, dass ich mich auf mein Online-Geschäft konzentriere oder mich bei Facebook anmelde und sehe, was mein bester Freund zum Mittagessen hatte?" Sie kennen die Antwort darauf bereits. Es gibt keinen Grund, warum Sie Social Media nicht nutzen sollten. In der Tat ist es eine großartige Möglichkeit, Ihr Online-Geschäft bekannt zu machen. Aber begrenzen Sie die Zeit, die Sie dafür aufwenden.

Sie müssen eine Entscheidung treffen, welche Ihrer Familienmitglieder und Freunde Ihnen mitteilen, dass Sie ein Online-Geschäft eröffnen. Warum? Weil manche Leute es einfach nicht verstehen. Sie werden das Ganze negativ beurteilen und Ihnen sagen, dass Sie Ihre Zeit verschwenden. Sie werden natürlich keine Beweise dafür haben.

Einige Leute werden eifersüchtig sein, dass Sie ein Online-Geschäftsinhaber sind. Sie werden die Tatsache hassen, dass Sie versuchen, erfolgreich zu sein. Diese Leute werden alles tun, um dich abzuschrecken. Wenn dies brutal klingt, ist es eine harte Realität, der Sie sich stellen müssen. Einige Ihrer engsten Freunde und Familienmitglieder werden darüber negativ denken, dass Sie verrückt sind.

Lassen Sie sich von diesen Personen nicht von der Idee abhalten, ein erfolgreiches Online-Geschäft zu starten und zu betreiben. Wenn jemand etwas Negatives über die Arbeit von zu Hause aus zu Ihnen sagt, denken Sie sich einfach: "Es ist nur seine Meinung und diese ist falsch."

Vermeiden Sie Streitereien. Sagen Sie den Leuten einfach, dass Sie sich dazu entschlossen haben und nichts Sie aufhalten wird. Wechseln Sie das Thema, wenn Sie müssen. Einige Leute lieben einfach einen Streit, der Ihre Zeit verschwendet und Ihre Energie verbraucht.

6. Zusätzliches Einkommen

Könnten Sie jeden Monat etwas mehr Geld verwenden, um die Rechnungen zu bezahlen oder die Dinge zu kaufen, die Sie und Ihre Familie wollen? Sicher könntest du. Das Einkommenspotenzial beim Internet-Marketing ist buchstäblich unbegrenzt. Sie können anfangen, indem Sie ein paar zusätzliche Euros pro Monat verdienen und daraus ein bedeutendes Einkommen machen.

Einige Internet-Marketing-Mütter haben Webseiten erstellt, die jetzt Millionen wert sind. Sie begannen mit so gut wie nichts und haben jetzt ein Online-Imperium. Es gibt keinen Grund, warum Sie nicht dasselbe tun können. Sie sind nur durch Ihren eigenen Verstand begrenzt.

Wenn Sie zu Hause arbeiten, können Sie sich mit Ihrer Familie verbünden

Es ist großartig, nicht 5 Tage die Woche zu einem Arbeitsplatz pendeln zu müssen. Sie müssen kein Geld für Benzin oder öffentliche Verkehrsmittel ausgeben, und es gibt keine Staus oder überfüllten Züge oder Busse, mit denen Sie fertig werden müssen. Das Beste von allem ist, dass Sie für Ihre Familie da sein können.

Mit Internet-Marketing legen Sie Ihren eigenen Zeitplan fest. Wenn Sie den Nachmittag mit Ihren Kindern am Strand verbringen möchten, gibt es keine Chefs, die Sie daran hindern könnten. Es ist auch viel weniger stressig, als pendeln zu müssen und einem Chef zur Seite zu stehen.

Es ist unglaublich belohnend

Es spielt keine Rolle, wie viel Sie mit Internet-Marketing verdienen. Es ist ein erstaunlich lohnendes Gefühl, dieses Geld mit Ihrem eigenen Einfallsreichtum und Ihrer eigenen Anstrengung zu verdienen. Zu Beginn müssen Sie viel lernen und dieser Leitfaden wird Ihnen in dieser Hinsicht helfen. Aber sobald Sie anfangen, das Gelernte umzusetzen und Geld zu verdienen, werden Sie sich großartig fühlen.

Sie werden die Befriedigung haben zu wissen, dass Ihr Antrieb und Ihre Entschlossenheit Sie durchgebracht haben. Wie viele andere Mütter, die zu Hause bleiben, können das sagen? Den Leuten, die Ihnen gesagt haben, dass Sie verrückt sind, sich auf diese Internet-Marketing-Sache einzulassen, können Sie sich leise (oder laut) in der Herrlichkeit aalen, und ihnen das Gegenteil beweisen.

Es war alles deine eigene Arbeit und niemand kann dir das nehmen. Um mit Internet-Marketing erfolgreich zu sein, müssen Sie entschlossen und entschlossen sein und verschiedene Herausforderungen bewältigen. Sie haben das alles getan und können sehr stolz auf sich sein.

7. Niedrige Startkosten

Sie können buchstäblich ein Online-Geschäft mit nichts starten. Es gibt kostenlose Möglichkeiten, z. B. die Nutzung sozialer Medien, mit denen Sie für Produkte und Dienstleistungen anderer werben können (Affiliate-Marketing) und online Geld verdienen können.

Wir empfehlen immer, dass Sie Ihre eigene Webseite erstellen. Dazu benötigen Sie einen Domainnamen und ein Webseiten-Hosting. Der Name kostet ungefähr 10 Euro pro Jahr und das Hosting weniger als 10 Euro pro Monat.

Sie können Ihre eigenen Produkte erstellen und online verkaufen. Wenn Sie über bestimmte Fähigkeiten verfügen, können Sie diese in einen Schulungskurs umwandeln und über Ihre Webseite und Ihre sozialen Medien bewerben. Alles was Sie dazu brauchen ist ein Textverarbeitungsprogramm und etwas Zeit.

Stellen Sie sich die Kosten für die Eröffnung eines lokalen Geschäfts vor. Sie müssen Miete zahlen, das Geschäft mit den Artikeln füllen, die Sie verkaufen möchten, für die Vermarktung Ihres Geschäfts vor Ort bezahlen, Mitarbeiter beschäftigen, für Strom und Telefone bezahlen, und Sie möchten, dass eine Webseite für Ihr Geschäft wirbt. Dies kann Sie in Ihrem ersten Jahr Tausende von Euros kosten.

Wenn Sie Ihre eigenen digitalen Produkte erstellen und verkaufen, sind Ihre Kosten sehr niedrig. Ein Wort der Warnung hier - weil die Startkosten für ein Online-Geschäft so niedrig sind, nehmen viele Menschen ihr Geschäft nicht ernst. Sie denken, wenn es fehlschlägt, werden sie nicht viel verloren haben. Sie müssen Ihr Internet-Marketing-Geschäft ernst nehmen!

Jeder kann das!

Sie benötigen keinen Bildungsabschluss oder Geschäftserfahrung, um ein Online-Geschäft von zu Hause aus zu starten. Es ist wichtig, dass Sie bereit sind, sich über die verschiedenen Geschäftsmodelle und deren Funktionsweise zu informieren, und dass Sie bereit sind, eine Internet-Marketing-Ausbildung zu erhalten. Sie haben den ersten Schritt in diese Richtung getan, indem Sie diesen Leitfaden lesen.

Einer der größten Mythen über Internet-Marketing ist, dass Sie ein technischer Experte sein müssen, um erfolgreich zu sein. Das ist definitiv nicht wahr. Vor zwanzig Jahren musste man HTML-Codierung lernen, wenn man eine eigene Webseite haben wollte. Diese Zeiten sind wirklich vorbei! Sie können Ihre eigene Webseite ohne technische Kenntnisse erstellen.

Es spielt keine Rolle, woher Sie kommen, Sie können mit Internet-Marketing erfolgreich sein. Alles was Sie brauchen ist ein Computer, eine Internetverbindung und der Wunsch, erfolgreich zu sein. Denken Sie niemals, dass Sie nicht gut genug sind, um es im Online-Geschäft zu schaffen. Sie sind; und Sie haben die gleiche Chance, erfolgreich zu sein wie alle anderen.

8. Hilfe zur Hand

Sie müssen einen guten Eindruck hinterlassen, um mit Internet-Marketing erfolgreich zu sein. Ihre Webseite muss professionell und ansprechend aussehen. Wenn Sie digitale Produkte wie Anleitungen und Schulungen verkaufen, benötigen Sie einige gute Grafiken, um dies richtig zu fördern.

Wenn Sie kein Grafikdesigner sind, brauchen Sie sich keine Sorgen zu machen. Es gibt großartige Outsourcing-Webseiten wie Fiverr.com, auf denen Sie erfahrene Designer finden, die für ein paar Dollar atemberaubende Grafiken für Sie erstellen.

In der Tat können Sie Leute finden, an die Sie viele Internet-Marketing-Aufgaben auslagern können. Wenn das Schreiben nicht Ihr Ding ist, gibt es einige gute Schriftsteller, die Ihnen helfen. Wenn Sie ein gutes Video benötigen, können Sie dieses auch auslagern. Ja, es kostet etwas Geld, aber es spart Ihnen viel Zeit und Stress.

Es gibt keinen Grund für Sie, sich isoliert zu fühlen, wenn Sie mit dem Internet-Marketing beginnen. Sie können verschiedenen Communities beitreten, die Ihnen die Hilfe und Unterstützung bieten, die Sie benötigen. Ein gutes Beispiel dafür ist das WAHM-Forum (Work at Home Mom).

Dies ist ein aktives Forum, in dem Mütter, die zu Hause arbeiten, zusammenkommen, um verschiedene Ideen zu diskutieren, sich gegenseitig bei Internet-Marketing-Aufgaben zu helfen und vieles mehr. Eine weitere großartige Community ist das Warrior Forum. Dies ist nicht nur für Mütter, die zu Hause bleiben, sondern es ist das größte Internet-Marketing-Forum, in dem Sie Antworten auf jede Frage finden.

Es gibt auch spezielle Gruppen auf Facebook und LinkedIn für Mütter, die zu Hause bleiben und es online schaffen möchten. Alle diese Foren und Gruppen können kostenlos besucht werden, und Sie können wertvolle Tipps von anderen erhalten, die die unterschiedlichen Herausforderungen eines Online-Geschäfts gemeistert haben.

Automatisierung

Gefällt Ihnen die Idee, Verkäufe oder Provisionen zu tätigen, während Sie sich um Ihre Kinder kümmern, einen Tag mit Ihrer Familie verbringen oder sogar schlafen? Eines der großartigen Dinge beim Internet-Marketing ist der Automatisierungsgrad, den Sie erstellen können. Geld verdienen rund um die Uhr, während Sie tun, was Sie wollen, ist sicherlich eine Realität.

Das Internet ist wirklich global. Ihre Nachtzeit ist die Tageszeit eines anderen. Wenn Sie schlafen, surfen sie wach im Internet. Wenn sie an Ihrem Angebot interessiert sind, müssen Sie nicht da sein, damit ein Verkauf stattfinden kann. Sie wachen morgens auf und sehen Verkaufsbenachrichtigungen in Ihrem Posteingang.

Es gibt verschiedene Online-Geschäftsmodelle, denen Sie folgen können. Alle können erfolgreich sein und haben alle ihre Vor- und Nachteile. Es ist wichtig, dass Sie diese verschiedenen Modelle verstehen, bevor Sie sich für eine Internet-Marketing-Aktivität entscheiden, an der Sie teilnehmen möchten. Schauen wir uns also die wichtigsten hier an.

9. Affiliate Marketing

Wenn Sie nicht wissen, was Affiliate-Marketing ist, können Sie es sich am besten so vorstellen, indem Sie für die Produkte und Dienstleistungen anderer werben und bei jedem Verkauf eine Provision eine Provision erhalten. Die Höhe der Provision variiert je nach Produkt oder Dienstleistung. Bei physischen Produkten sind die Provisionen tendenziell niedrig und sind meist für digitale Produkte viel höher.

Heutzutage haben die meisten großen Einzelhändler Partnerprogramme, mit denen Sie Provisionen für die Werbung für deren Produkte verdienen können. Das Amazon Associate Programm ist sehr berühmt und viele Leute nutzen dies, um regelmäßig online Geld zu verdienen.

Sie müssen die richtigen physischen Produkte fördern. Amazon zahlt nur 3% Provision für Spielzeug und 4% für andere Waren. Sobald Sie einen bestimmten Schwellenwert erreicht haben, können die Provisionen auf 8% steigen. Es ist am besten, für High-Ticket-Produkte von Amazon zu werben, beispielsweise für HD-Fernseher. Durch den Verkauf eines Fernsehgeräts im Wert von 1.000 Euro erhalten Sie eine Provision von 40 Euro.

Bei digitalen Produkten ist das anders. Ein digitales Produkt kann eine Anleitung, ein Schulungskurs, Software usw. sein. In der Regel können Sie mit digitalen Produkten eine Provision von 50% oder mehr verdienen. Dies kann von ein paar Dollar bis zu Hunderten von Dollar für einen hohen Ticketverkauf reichen.

Der Grund für die unterschiedlichen Provisionsniveaus ist, dass es einfacher ist, physischen Produkten zu verkaufen als digitale Produkte. Menschen können sofort den Wert eines physischen Produkts erkennen. Sie wissen, dass ein erstklassiger Fernseher 1.000 Euro oder mehr kostet, weil sie ihn in Geschäften gesehen haben.

Ein digitales Produkt ist jedoch anders. Es wird einen wahrgenommenen Wert haben. Das Problem ist, dass viele Leute glauben, dass alle Informationen im Internet kostenlos sein sollten. Es ist also nicht einfach, diesem Trend zu trotzen, indem man digitale Informationen mit einem Preis belegt. Aber die gute Nachricht ist, dass es funktioniert.

Es ist normalerweise sehr einfach, mit dem Affiliate-Marketing zu beginnen, und Sie können kostenlos anfangen. Die Teilnahme an Partnerprogrammen ist kostenlos. Sie müssen also nur für das Produkt oder die Dienstleistung werben, um Provisionen zu erhalten. Social Media ist eine großartige Plattform dafür, aber Sie müssen es richtig machen, sonst können Sie Ihr Konto wegen Spam schließen.

Wenn Ihnen die Idee gefällt, digitale Produkte für höhere Provisionen zu bewerben, können Sie zu Clickbank.com gehen und dort einen kostenlosen Account erstellen. Sie können dann für jedes ihrer digitalen Produkte werben. Sie haben viele Kategorien und Hunderte, wenn nicht Tausende von Produkten zur Auswahl.

So wie es Partner gibt, die mit dem Amazon Associates-Programm viel Geld verdienen, verdienen auch Menschen 6-7 stellig pro Jahr, in dem Sie für Clickbank-Produkte Werbung machen. Es gibt viel Wettbewerb, aber mit Clickbank ist es durchaus möglich, sehr gut abzuschneiden.

Vorteile des Affiliate-Marketings

- Einfach zu beginnen
- Viele verschiedene Produkte zum bewerben
- Unbegrenztes Einkommenspotenzial
- Kann kostenlos begonnen werden
- Kein Problem mit Kundensupport (Der Produkthersteller erledigt das)
- Ein geprüfter Weg Geld zu verdienen

Nachteile des Affiliate-Marketings

- Provisionen können sehr niedrig sein
- Es gibt viele Konkurrenten
- Der Kunde ist niemals Ihrer
- Manchmal müssen Sie vom Anbieter genehmigt werden, was für Beginner schwierig sein kann.

10. CPA Marketing

CPA steht für Cost Per Action und unterscheidet sich vom Affiliate-Marketing, da normalerweise kein Verkauf erforderlich ist, um von dem von Ihnen verwendeten Netzwerk bezahlt zu werden. Wenn jemand auf Ihren Partnerlink klickt und die erforderliche Aktion ausführt, werden Sie bezahlt. Die Arten von Aktionen umfassen:

- Geben Sie ihre E-Mail-Adresse in einem Formular ein
- Geben Sie die Postleitzahl auf einem Formular ein
- Ausfüllen eines komplexeren Formulars
- Ausfüllen einer Umfrage
- Teilnahme an einer kostenlosen Testversion
- Kauf eines Produkts oder einer Dienstleistung

Diese Aktionen generieren Leads für den Werbetreibenden, die er dann verfolgen kann, um zu einem späteren Zeitpunkt Verkäufe seiner Produkte oder Dienstleistungen zu tätigen. Sie sind ein Mitglied eines CPA-Netzwerks und werden dafür belohnt, dass Sie Besucher zu den Angeboten ihrer Kunden führen.

Die Beträge, die Sie als Provision erhalten, variieren von Angebot zu Angebot. Dies kann so niedrig wie 1 Cent sein und zu Hunderten von Dollar gehen. Dies hängt von dem Wert ab, den der Werbetreibende auf den Lead legt, den Sie ihm bringen.

Als Beispiel gibt es ein beliebtes Handyspiel, das für Smartphone-Benutzer kostenlos heruntergeladen werden kann und 4 Cent pro Lead auszahlt. Am anderen Ende der Skala stehen Anwaltskanzleien, die bereit sind, mehr als 500 US-Dollar pro

Klient im Zusammenhang mit Behinderungen zu zahlen, die durch die Einnahme bestimmter Medikamente verursacht werden.

Welches ist besser? Es wird Millionen von Menschen geben, die daran interessiert sind, ein neues Spiel auf ihrem Smartphone zu spielen, und dieses Spiel gerne herunterladen, ohne zu viel darüber nachzudenken. Es wird nur eine kleine Anzahl von Menschen geben, die an einer medizinischen Störung leiden, weil sie ein bestimmtes Medikament eingenommen haben.

Das Marktpotential für das Spiel ist also viel größer, aber die Renditen sind viel geringer. Wenn Sie sich dafür entscheiden, für Werbung zu bezahlen, kommt ein Angebot von 4 Cent pro Lead nicht in Frage. Es wäre jedoch ein tragfähiger Vorschlag für die rechtlichen Hinweise.

Ist CPA-Marketing einfacher als Affiliate-Marketing? Nun, Sie müssen berücksichtigen, dass beim Affiliate-Marketing ein Kauf getätigt werden muss, damit Sie eine Provision erhalten. Bei einem CPA-Angebot muss der Besucher nur seine E-Mail-Adresse oder Postleitzahl angeben. Dies ist also normalerweise eine einfachere Konvertierung.

Affiliate-Marketing ist viel schwieriger zu verkaufen, und CPA-Marketing ist viel vorhersehbarer. Wenn Sie sich für ein CPA-Angebot entscheiden, bei dem für jede abgeschlossene Aktion 1 US-Dollar ausgezahlt wird, können Sie ziemlich sicher sein, dass Sie pro 100 Besucher 25 US-Dollar verdienen. Bei Partnerangeboten kann man das nicht sagen.

Was Sie beachten müssen, ist, dass das Einrichten der Angebote und die Verwendung von Methoden für kostenlosen Traffic einige

Zeit und Mühe in Anspruch nehmen wird. Sobald dieses eingerichtet ist, können Sie jedoch ein weiteres Angebot erstellen. Vollzeit-CPA-Vermarkter können jeden Monat eine Menge Geld mit den richtigen Angeboten und den besten Traffic-Methoden verdienen.

Vorteile des CPA-Marketings

- Die Conversions sind viel höher
- Kalter Traffic konvertiert normalerweise gut
- Es gibt viele gute CPA-Netzwerke
- Es ist ziemlich einfach, CPA-Kampagnen einzurichten
- Kann kostenlos starten

Nachteile des CPA-Marketings

- Es kann für Neulinge sehr schwierig sein, von CPA-Netzwerken akzeptiert zu werden
- Es gibt oft Länderbeschränkungen
- Die Provisionen können winzig sein
- CPA-Programme ändern sich stark, sodass Sie möglicherweise feststellen, dass ein Angebot, das für Sie gut funktioniert, plötzlich eingestellt wird
- Es gibt viel Wettbewerb
- Der Kunde gehört niemals Ihnen

11. Ihr eigenes Produkt oder Dienstleistung

Haben Sie eine Fähigkeit, die Sie Menschen beibringen können? Wissen Sie Dinge, die andere aufgrund Ihrer Arbeitserfahrungen nicht wissen? Haben Sie etwas Großartiges erreicht, wie Abnehmen, Übergang zu einer gesunden Ernährung? usw.

Mach dir keine Sorgen, wenn dir nichts einfällt. Es gibt einige großartige Möglichkeiten, wie Sie Ideen für die Produktentwicklung entwickeln können. Viele Menschen glauben, dass sie nicht das Zeug dazu haben, ein großartiges Produkt zu entwickeln, aber das stimmt nicht.

Es ist kein komplizierter Prozess, ein Wertprodukt zu schaffen. Es erfordert jedoch einige Anstrengungen. Sie können Ihre gesamte Produktkreation oder einen Teil davon auslagern und müssen dafür bezahlen. Dies kann sich jedoch in Zukunft um ein Vielfaches auszahlen.

Sobald Sie die Entschlossenheit haben, Ihr erstes Produkt zu erstellen, werden Sie überrascht sein, wie einfach und unterhaltsam es ist, dies zu tun. Und wenn Sie Ihre ersten Verkäufe tätigen, werden Sie eine echte Begeisterung und einen Geschmack für die weitere Produktentwicklung haben.

Das Erstellen und Verkaufen von Produkten ist eine der einfachsten und schnellsten Möglichkeiten, im Internet Geld zu verdienen. Sie müssen immer ganz oben im Kopf haben, dass Sie Wert für die Menschen schaffen, die Ihr Produkt kaufen. Wenn Sie dies tun, werden Sie Verkäufe tätigen und die Leute werden immer wieder von Ihnen kaufen wollen.

Es ist erstaunlich, wie viele Menschen aufgeben, wenn sie darüber nachdenken, welches Produkt sie erstellen sollen. Sie machen sich damit verrückt. Es ist einfach, Ideen zu gewinnen - tatsächlich können Sie eine ganze Reihe von Ideen entwickeln, wenn Sie einige Überzeugungen ändern, die Sie möglicherweise vertreten.

Ein Produkt muss nicht brandneu sein, um ein Gewinner zu sein. Sie können in einen Markt eintreten, der bereits Produkte enthält, und Ihre verbessern. Es ist sehr wahrscheinlich, dass ein erfolgreiches Produkt in einer Nische, die sich gut verkauft, nicht für alle funktioniert. Oft ist ein neuer Ansatz erforderlich. Lassen

Sie uns über die verschiedenen Nischen sprechen und warum Sie sie in Betracht ziehen sollten.

Das erste, was Sie hier sagen müssen, ist, dass Sie „dorthin gehen müssen, wo das Geld ist". Viele Anleitungen werden Ihnen sagen, dass Sie ein Produkt über etwas erstellen sollten, über das Sie viel wissen oder das Sie leidenschaftlich lieben. Das ist in Ordnung, wenn in diesen Nischen Geld ist. Wenn Sie leidenschaftlich gerne Geld verdienen oder sich selbst verbessern, dann machen Sie weiter.

Die beliebtesten Nischen, in denen definitiv Geld ausgegeben wird, sind:

- Geld machen
- Gewicht verlieren
- Beziehungsratgeber
- Selbstverbesserung / persönliche Entwicklung
- Persönliche Finanzen
- Gesundheit und Fitness
- Video Spiele
- Populärer Sport (z.B. Golf)

Diese Nischen sind auch äußerst wettbewerbsfähig, aber lassen Sie sich davon nicht abschrecken. Der Wettbewerb ist gut, da er beweist, dass eine Nachfrage besteht und die Menschen in diesen Nischen Geld ausgeben. Wir werden später in diesem Handbuch erläutern, wie Sie feststellen können, ob sich in einer bestimmten Nische Geld befindet.

Die Vorteile der Produkterstellung

- Jeder kann ein Produkt erstellen - Sie müssen kein Experte sein
- Sie behalten das gesamte Geld von den Verkäufen

- Mit dem richtigen Produkt können Sie lange Zeit Geld verdienen
- Die Käufer gehören Ihnen
- Sie lernen wertvolle Fähigkeiten

Nachteile der Produkterstellung

- Es kostet Zeit, Mühe und manchmal Geld, wenn Sie bestimmte Aufgaben auslagern
- Sie müssen sich mit Kundendienstproblemen befassen
- Nicht alle Produktideen sind Gewinner

12. E-Commerce

Online-Shopping hat in den letzten Jahren zugenommen. Amazon ist der weltweit größte Einzelhändler und die meisten großen Geschäfte verkaufen ihre Produkte jetzt online. Die Leute mögen es wirklich, Dinge online zu kaufen und sie bald danach per Post zu erhalten. Online-Shopping wird auch als E-Commerce bezeichnet.

Hier gibt es viele Möglichkeiten. Wenn Sie gut im Kunsthandwerk sind, können Sie Ihre Kreationen online verkaufen. Oder sind Sie gut darin, benutzerdefinierten Schmuck zu entwerfen oder großartige Designs für T-Shirts zu erstellen?

Wenn Sie keines dieser Dinge tun können, machen Sie sich keine Sorgen. Sie können mit einem Dropshipping-Unternehmen zusammenarbeiten und für dessen Produkte werben, und Sie erhalten eine Provision. Die Dropshipping-Firma sendet die Produkte an Ihre Kunden. Sie müssen keine Aktien kaufen oder halten.

Alternativ können Sie Ihre eigenen Produkte unter einem „White Label" -Vertrag beziehen, was bedeutet, dass Sie Ihr eigenes Branding haben. Es gibt viele Hersteller in Ländern wie China, die das gerne tun. Sie müssen dann eine bestimmte Menge dieser Produkte kaufen, damit Sie sie in Ihrem Online-Shop verkaufen können.

Es ist nicht schwierig, einen eigenen Online-Shop zu erstellen. Heutzutage stehen Ihnen viele Tools zur Verfügung, und wir werden Ihnen im Kapitel zum Erstellen Ihrer eigenen Webseite einige Beispiele geben.

Vorteile des E-Commerce

- Es gibt eine wachsende Anzahl von Online-Käufern, und dies wird in Zukunft zunehmen
- Sie können Ihre eigenen Produkte verkaufen
- Sie können die Produkte anderer Personen gegen eine Provision verkaufen
- Mit den richtigen Produkten können Sie lange Zeit Geld verdienen
- Die Käufer gehören Ihnen
- Sie können sich einen guten Ruf schaffen

Nachteile des E-Commerce

- Es kann teuer sein, eigene Produkte zu beziehen
- Die Provisionen für Dropshipping sind normalerweise nicht hoch
- Wenn Sie Ihre eigenen Produkte verkaufen, müssen Sie sich mit Kundendienstproblemen befassen

13. Amazon FBA

FBA (Fulfillment by Amazon) ist ein Online-Geschäftsmodell, bei dem Sie Ihre eigenen Produkte von einem Lieferanten beziehen, sie als Ihre eigenen brandmarken und sie dann auf Amazon.com oder einer der anderen internationalen Amazon-Webseiten weltweit verkaufen.

Sie müssen bei Amazon recherchieren, um festzustellen, welche Artikel sich gut verkaufen. Anschließend können Sie ein ähnliches Produkt aus einem Land wie China zu einem niedrigen Preis kaufen und es beispielsweise zu einem höheren Preis auf dem europäischen Markt verkaufen.

Mit einem Service wie Alibaba.com. ist es ziemlich einfach, Produkte zu finden. Sie können nach dem gewünschten Produkttyp suchen und dann einen Lieferanten finden, mit dem Sie arbeiten können. Senden Sie ihnen Ihr Branding-Design und sie stellen sicher, dass auf allen Produkten Ihr Branding angebracht ist.

Sie müssen eine bestimmte Menge Ihres Produkts an Amazon senden, damit es im Inventar aufbewahrt werden kann. Anschließend erstellen Sie bei Amazon eine Verkaufsseite für Ihr Produkt. Für jeden Verkauf müssen Sie Amazon eine Gebühr zahlen. Mit dieser Methode können Gewinne von 40% oder mehr erzielt werden.

Es gibt viele Leute, die mit der Amazon FBA-Methode ein kleines Vermögen machen. Das Tolle daran ist, dass Sie den enormen Besucherverkehr nutzen, den Amazon bereits hat. Die meisten Amazon-Kunden haben ihre Zahlungsdaten beim Unternehmen hinterlegt, damit sie sofort einkaufen können.

Vorteile von Amazon FBA

- Sie können den riesigen Besucherverkehr von Amazon nutzen
- Es stehen Tools zur Verfügung, mit denen Sie beliebte Produkte identifizieren können
- Es ist ziemlich einfach, einen Lieferanten zu finden, mit dem man zusammenarbeiten kann
- Sie können so viele Produkte auflisten, wie Sie möchten
- Sie müssen keinen Vorrat führen
- Amazon liefert das Produkt an den Kunden

Nachteile von Amazon FBA

- Sie müssen in eine erste Lagerbestellung investieren
- Nicht alle Produkte sind erfolgreich
- Die Marketingkosten für die Einrichtung eines Produkts können hoch sein

14. Auswahl der Nische

Wenn Sie die richtige Nische auswählen, können Sie sich darauf konzentrieren, Ihre eigenen Produkte zu bewerben oder zu verkaufen, die speziell auf die von Ihnen gewählte Nische bezogen sind. Eine Nische ist nur eine Kategorie.

Hier einige Beispiele für Nischen:

- Gesundheit und Fitness
- Gewichtsverlust
- Persönliche Entwicklung
- Beziehungen
- Erziehung
- Computer und Technik
- Sports
- Geschäft und Marketing
- Geld verdienen
- Kunst und Handwerk
- Kochen und Rezepte

Dies ist nur eine kleine Auswahl. Es gibt Hunderte verschiedener Nischen und Unternischen. Wenn Sie sich für die Nische „Computer und Technologie" entscheiden, können Subnischen Laptops, Smartphones, Tablets, Heimsicherheitsgeräte, Drohnen, Roboter, Software usw. sein.

Wählen Sie eine Nische, an der Sie interessiert sind

Wie wählen Sie zunächst eine Nische aus? Das ideale Szenario besteht darin, eine Nische zu wählen, in der Sie ein Experte sind und für die Sie eine absolute Leidenschaft haben. Als Beispiel können Sie sich als ein ausgezeichnetes Elternteil betrachten und neuen und bestehenden Eltern Ratschläge geben, um ihnen zu helfen, ihre Kinder besser zu erziehen.

Wenn Sie sich nicht als Experte für irgendetwas betrachten, machen Sie sich keine Sorgen. Sie können grundsätzlich jede gewünschte Nische auswählen, solange Sie der Meinung sind, dass Sie ein starkes Interesse daran entwickeln und mehr darüber erfahren könnten, als die meisten Menschen wissen.

Es ist wichtig, dass Sie eine Leidenschaft haben oder eine Leidenschaft für Ihre Nische entwickeln können. Warum? Denn dies wird Sie motivieren und Sie können Ihr Online-Geschäft vorantreiben. Wenn Sie versuchen, eine Nische zu betreten, an der Sie wenig Interesse haben, kann es eine ziemliche Herausforderung sein, sich selbst zu motivieren.

Einige Mütter, die zu Hause bleiben, engagieren sich in Nischen, von denen sie nichts wissen, und werden mit ihnen erfolgreich. Obwohl dies sicherlich möglich ist, würde ich es nicht empfehlen, wenn Sie gerade erst anfangen.

Die Begeisterung für Ihre Nische zeigt sich in den Inhalten, die Sie erstellen, um Produkte und Dienstleistungen zu bewerben. Ihre Besucher werden diese Begeisterung aufgreifen und dies wird Ihnen helfen, mehr Umsatz zu erzielen.

Testen Sie Ihre Nischenideen

Es ist wichtig, dass Sie eine Nische wählen, die ein gutes Potenzial zum Geldverdienen bietet. Sie müssen herausfinden, wie groß die Nische ist und ob die Leute Geld in der Nische ausgeben oder nicht. Glücklicherweise sind diese Dinge ziemlich einfach zu tun.

Um die Größe der Nische zu beurteilen, können Sie eine Suche bei Google oder einer anderen Suchmaschine durchführen. Geben Sie einfach "[Nischengröße und Statistik" ein, damit Sie beispielsweise nach "Größe und Statistik der Nischen für Eltern" suchen können. Manchmal kann man die Antwort darauf finden, wie groß eine Nische ist, wenn man dies tut. Wenn Sie dies nicht können, gibt es einen anderen guten Weg, dies herauszufinden.

Wenn Sie noch kein kostenloses Google-Konto haben, gehen Sie zu Google.com und melden Sie sich für eines an. Sie können ein kostenloses Google Mail-Konto für Ihre E-Mails erhalten. Dann müssen Sie sich für ein kostenloses Google Adwords Konto erstellen. Machen Sie sich keine Sorgen, Sie werden kein Geld für Google-Anzeigen ausgeben (es sei denn, Sie möchten).

Wenn Sie über ein Google Adwords-Konto verfügen, können Sie ein hervorragendes kostenloses Tool namens Google Keyword Planner verwenden. Dies zeigt Ihnen, wie viele Suchanfragen es jeden Monat in der Google-Suchmaschine nach einer Nische gibt. Da Google bei weitem die größte Suchmaschine ist, können Sie damit die Größe einer Nische beurteilen.

Wählen Sie die Option "Neue Keywords entdecken" und geben Sie das Haupt-Keyword für die Nische ein. Anhand unseres Beispiels für "Elternschaft" haben wir festgestellt, dass allein in Google USA in dieser Nische monatlich Zehntausende von Suchanfragen durchgeführt werden.

Eines der anderen guten Dinge am Google Keyword Planner ist, dass er Ihnen vorgeschlagene Keywords für die Nische liefert. So konnten wir folgende Unterschlüsselwörter finden:

- Tipps für Eltern
- Erziehungsstile
- Positive Elternschaft
- Erziehungsfähigkeit
- Gute Elternschaft
- Kindererziehung
- Elternbücher
- Erziehungsberatung
- Co Elternschaft
- Beratung für neue Eltern
- Eltern-Webseiten
- Elternblogs
- Gute Erziehungsfähigkeiten

Was sagt dir das alles? Es sagt Ihnen, dass die Nische der Eltern riesig ist und es viele Menschen gibt, die jeden Monat nach Ratschlägen und Tipps für Eltern suchen. Dies wäre aus Sicht der Nischengröße eine sehr gute Nische.

Der nächste Schritt ist also zu sehen, ob die Leute Geld in der Nische ausgeben. Gehen Sie also zu Google und geben Sie "Elternratschläge" ein. Werden auf der Ergebnisseite Anzeigen geschaltet? Wir haben dabei eine Reihe von Anzeigen gefunden.

Gehen Sie zu Amazon und suchen Sie nach "Elternbüchern". Gibt es viele Bücher, die sich gut verkaufen? Wir haben hier viele Bücher gefunden. Als letzte Überprüfung können Sie zu Clickbank gehen und prüfen, ob in der Elternnische digitale Produkte verkauft werden. Wieder fanden wir einige.

Hier ist die Sache: Verkäufer werden kein Geld für Google-Anzeigen ausgeben, wenn niemand in der Nische kauft. Sie werden keine Bücher über die Nische schreiben und sie auf Amazon veröffentlichen, wenn die Nachfrage nicht da wäre. Macht das Sinn?

Es wird nicht lange dauern, bis Sie eine Nische ausgewählt haben. Sie mögen total begeistert von etwas sein, aber die Nischengröße kann sehr klein sein oder es wird sehr wenig Geld ausgegeben. Keines davon ist gut für Ihr Online-Geschäft.

Was können Sie in Ihrer ausgewählten Nische verkaufen?

Sobald Sie überprüft haben, dass eine Nische eine gute Größe hat und die Leute Geld ausgeben, müssen Sie darüber nachdenken, was Sie fördern, um online Geld zu verdienen. Hier können Sie nach Partnerprodukten suchen oder sogar Ihre eigenen Produkte erstellen.

Versuchen Sie hier über den Tellerrand hinaus zu denken. Neue Eltern brauchen eine Menge Dinge für ihr neues Baby, die sie bei Amazon kaufen können. So können Sie Amazon Associate werden und für Babyprodukte werben. Kinder werden schnell erwachsen und brauchen andere Dinge wie Sachen für die Schule und so weiter.

Sie möchten so viele Monetarisierungsoptionen wie möglich für Ihre Nische. Viele Partnerprodukte sind immer eine gute Idee. Wenn in der Nische viele Bücher verkauft werden, können Sie Ihre eigenen Erziehungsführer und Schulungen erstellen.

Nachdem Sie sich für Ihre Nische entschieden haben, ist es Zeit, Ihre Webseite einzurichten…

15. Erstellen sie Ihre Webseite

Lassen Sie sich von dem Gedanken an die Einrichtung Ihrer Webseite nicht erschrecken. Es ist wirklich sehr einfach und es gibt viele hilfreiche Videos auf YouTube, die dir zeigen, wie man alles macht. Bevor wir ins Detail gehen, wollen wir uns mit dem Thema kostenlose Webseiten befassen.

Wenn Sie ein begrenztes Budget haben, kann es sehr verlockend sein, eine kostenlose Webseite mit Diensten wie WordPress.com oder Blogger.com zu erstellen. Es gibt auch andere. Einige Leute fangen auf diese Weise an, aber wir würden es nicht empfehlen.

Es gibt zwei Hauptgründe, warum kostenlose Webseiten keine gute Idee sind:

• Sie können viel Zeit damit verbringen, Ihrer kostenlosen Webseite neuen Inhalt hinzuzufügen, nur um festzustellen, dass dieser aus irgendeinem Grund von Blogger oder WordPress entfernt wurde. Wie verheerend wäre das? Dies passiert ziemlich oft, ohne dass man gewarnt wurde.

• Eine kostenlose Webseite schreit "billig". Wenn Sie nicht die Mühe haben, ein paar Dollar in Ihren eigenen Domainnamen und Ihr Webhosting zu investieren, warum sollte jemand etwas kaufen, das Sie empfehlen?

OK, einige Besucher Ihrer Website wissen möglicherweise nicht, dass sie kostenlos ist. Aber viele Leute werden es wissen. Heutzutage sind Internetnutzer sehr versiert, daher lohnt es sich nicht, potenzielle Kunden zu verlieren, weil sie denken, dass Sie billig sind.

Und möchten Sie wirklich das Risiko eingehen, dass Ihre Webseite spurlos verschwindet? Dies passiert, und Sie hätten Wochen oder Monate damit verbringen können, Inhalte hinzuzufügen, nur um festzustellen, dass alles weg ist. Allein dieser Grund sollte Sie davon abhalten, kostenlose Webseiten zu nutzen!

Den richtigen Domainnamen finden

Sie müssen einen Domainnamen für Ihre Webseite registrieren. Ein Domainname ist Ihre eindeutige Adresse im Internet. Google.com ist ein Domainname. Sie müssen einen Domainnamen finden, der zu Ihrer gewählten Nische passt. Einige Leute registrieren ihren eigenen Namen als Domainnamen wie sarathomas.com, was in Ordnung ist. Wenn Sie jedoch einen gemeinsamen Namen haben, kann dies schwierig sein.

Ich würden immer empfehlen, dass Sie einen .com-Domainnamen wählen. Es ist bei weitem das beliebteste und Google mag .com-Domains sehr. Dies ist sehr wichtig, da es Ihnen hilft, Ihre Webseiten in der Google-Suche hoch einzustufen. Wir werden im nächsten Kapitel mehr darüber erklären.

Nehmen wir an, Sie haben die "Eltern" -Nische gewählt. Es wäre toll, einen Domainnamen zu registrieren, der dafür relevant ist. Wie finden Sie einen großartigen Domainnamen? Nun, Sie können einen Domain-Registrar wie godaddy.com oder namecheap.com verwenden, um nach einem großartigen Namen zu suchen. Es gibt viele andere Domain-Registrare, aber dies sind zwei der besten.

Wir haben eine Suche in godaddy.com durchgeführt und festgestellt, dass Elternschaftsalbei.com zum Zeitpunkt des

Schreibens dieses Handbuchs verfügbar war. Salbei bedeutet „weise" und erweckt den Eindruck, dass Sie ein Experte für Elternschaft sind (was Sie natürlich sind!). Sie können auch nach anderen Beispielen suchen.

Wenn Sie den gewünschten Namen nicht als .com finden können, wählen Sie ein .net oder .org. Sie können auch eine länderspezifische Domain-Endung wie .co.uk für Großbritannien oder .com.au für Australien verwenden. Die Domain-Endungen .com, .net und .org werden als global angesehen, daher sind diese die beste Wahl.

Wenn Sie einen guten Namen gefunden haben, registrieren Sie ihn sofort, damit ihn niemand anderes abnehmen kann. Die Registrierung eines .com-Domainnamens kostet Sie ungefähr 10 US-Dollar pro Jahr. Mit namecheap.com erhalten Sie außerdem ein Jahr lang kostenlosen Datenschutz, was bedeutet, dass Personen Ihre persönlichen Daten nicht leicht finden können. Dies ist sicherlich eine Überlegung wert.

Nach dem Kauf Ihres Domainnamens müssen Sie ihn auf Ihre Webserver verweisen. Dies ist bei weitem nicht so kompliziert, wie es sich anhört. Um Webserver zu haben, müssen Sie ein Webhosting-Paket erwerben.

Sie benötigen einen Webhosting-Service, um Ihre Webseite im Internet sichtbar zu machen. So wie es viele Domain-Registrare gibt, gibt es auch viele Webhosting-Unternehmen. Sie variieren im Preis und was sie Ihnen anbieten können. Hier sind einige wichtige Dinge, auf die Sie bei einem Webhost achten sollten:

- Die monatlichen Kosten
- Den Standort der Webserver (e.g. USA, UK, Europe, Asia etc)
- Wie viele Domains Sie hosten können?
- Wieviel Speicherplatz Sie bekommen?
- Wie viel Bandbreite (Internetverkehr) erhalten Sie?
- Verfügt der Webhost über eine WordPress-One-Click-Installationssoftware?

OK, schauen wir uns diese an:

Die Kosten für Webhosting können bei 1 USD pro Monat beginnen und auf Hunderte pro Monat steigen. Wir empfehlen Ihnen, einen Webhost zu wählen, der alle in der obigen Liste aufgeführten Dinge für etwa 10 bis 15 US-Dollar pro Monat anbietet

Standort des Webservers - Wenn Sie beispielsweise der Meinung sind, dass sich die Mehrheit Ihrer Zielgruppe in den USA befindet, wählen Sie am besten einen Webhost mit Servern dort. Ihre Webseite wird für Ihre potenziellen Kunden schneller geladen, was sehr wichtig ist.

Wie viele Domainnamen - Wenn Ihr Webhoster Ihnen nur erlaubt, Ihrem Hosting einen Domainnamen hinzuzufügen, müssen Sie ein anderes Webhosting-Paket erwerben, wenn Sie eine andere Webseite erstellen möchten. Suchen Sie nach Webhoster, die mehrere oder sogar das hinzufügen von unbegrenzte Domainnamen anbieten.

Speicherplatz - Wenn Sie eine Webseite erstellen, fügen Sie Ihren Webhosting-Servern eine Reihe von Dateien hinzu. Viele Webhosts bieten heutzutage unbegrenzten Speicherplatz. Achten Sie also darauf.

Bandbreite - Einige Webhoster begrenzen die Bandbreite, die Sie jeden Monat verwenden können. Suchen Sie also nach Webhoster mit unbegrenzter Bandbreite.

One-Click-Installation von WordPress - das ist sehr wichtig. Viele Webhoster verfügen über eine Funktion, mit der Sie die kostenlose WordPress-Blogging-Plattform mit einem Mausklick auf Ihrem Domain-Namen installieren können. Sie benötigen dies, wenn Sie die WordPress-Blogging-Plattform zum Erstellen Ihrer Webseite verwenden möchten (dies unterscheidet Sie von einer kostenlosen Webseite bei WordPress.com).

Wir empfehlen hostgator.com für Ihr Webhosting. Den gibt es schon seit vielen Jahren und die sind es gewohnt, mit Internet-

54

Marketer umzugehen. Sie haben verschiedene Pakete zur Verfügung, die unbegrenzte Domains, die Installation von WordPress mit einem Klick, unbegrenzte Bandbreite und Speicherplatz sowie Server in den USA für etwa 10 US-Dollar pro Monat anbieten.

Es gibt viele andere gute Webhoster, die Ihnen ein ähnliches Angebot machen können. Suchen Sie in Google nach Webhoster-Vergleichen, um mehr zu erfahren. Wählen Sie immer einen Webhoster mit der WordPress-Installationsfunktion mit einem Klick.

Wenn Sie sich bei einem Webhoster anmelden, erhalten Sie eine E-Mail mit den vollständigen Details Ihres Kontos. Mach dir keine Sorgen, wenn das für dich alles erst überhaupt keinen Sinn ergibt! Suchen Sie einfach in der E-Mail nach Ihren „DNS-Servern".

Ihr Webhoster stellt Ihnen normalerweise 2 DNS-Serveradressen zur Verfügung. Sie müssen diese kopieren, da Sie Ihren Domain-Namen bei Ihrem Domain-Registrar auf diese Server verweisen müssen.

Auf der letzten Seite Stelle ich ihnen eine Seite zur Verfügung, wo sie alle Tools vorgestellt bekommen.

16. Installieren Sie WordPress

Wichtiger Hinweis: Wenn Sie einen Online-Shop erstellen möchten, lesen Sie bitte den nächsten Abschnitt, da Sie möglicherweise eine andere Plattform als WordPress verwenden möchten.

Bleiben Sie bei Ihrem Webhosting angemeldet und kehren Sie zur cPanel-Homepage zurück. Sie sollten ein Symbol für die Installation von WordPress oder eine Softwareinstallation mit einem Klick sehen. Wenn Sie Zweifel haben, fragen Sie Ihren Webhoster um Hilfe.

Klicken Sie auf dieses Symbol und starten Sie Ihre WordPress-Installation. Sie müssen Ihren Domainnamen aus dem Dropdown-Menü auswählen. Geben Sie Ihrer Webseite einen Namen (Sie können diesen später ändern) und fügen Sie einen Benutzernamen und ein Kennwort hinzu (manchmal erfolgt dies automatisch und Sie erhalten diese Informationen nach Abschluss der Installation).

Klicken Sie dann auf die Schaltfläche "Installieren". Einige Sekunden später wird Ihre WordPress-Webseite installiert und kann von Ihnen verwendet werden. Das Gute an diesen One-Click-Installationsdiensten ist, dass sie Ihre Webseite automatisch aktualisieren, wenn eine neue Version von WordPress herauskommt. Das ist tolles Zeug!

Warum WordPress?

Weil es so einfach einzurichten und zu verwenden ist! Sie benötigen keine technischen Kenntnisse, um eine WordPress-Webseite zu installieren oder zu verwenden. Sobald WordPress auf Ihrem Domain-Namen installiert ist, müssen Sie sich nur noch bei Ihrer Webseite anmelden. Sie können das Erscheinungsbild ändern, Verbesserungen mit „Plugins" hinzufügen und Inhalte mit Posts und Seiten hinzufügen.

Alle WordPress-Webseiten haben Themen und gibt Ihrer Webseite das aussehen. Es gibt Tausende von kostenlosen Themes für WordPress und Sie können für ein paar Dollar in ein Premium-Theme investieren, wenn Sie diesen Weg gehen möchten. Sie können Ihr Theme jederzeit wieder ändern.

Plugins sind Code-Teile, die Sie Ihrer WordPress-Webseite hinzufügen können, um sie zu verbessern. Es gibt Plugins für alle Arten von Funktionen wie Kontaktformulare, SEO (Suchmaschinenoptimierung), Webseiten-Analyse und vieles mehr. Führen Sie einfach eine Google-Suche nach den beliebtesten WordPress-Plugins durch und entscheiden Sie, welche Sie installieren möchten.

YouTube ist wirklich eine großartige Informationsquelle zum Einrichten Ihrer WordPress-Webseite. Es gibt unzählige tolle Videos, wie man alles macht. Sie werden in kürzester Zeit ein Meister von WordPress sein, nachdem Sie einige dieser Videos gesehen haben!

Das Hinzufügen von Inhalten zu Ihrer WordPress-Webseite ist wirklich einfach. Fügen Sie einfach einen neuen Beitrag hinzu, schreiben Sie Ihren Inhalt (oder fügen Sie ihn aus einem Textverarbeitungsdokument ein), fügen Sie Bilder und / oder Videos hinzu und wenn Sie mit dem Aussehen zufrieden sind, veröffentlichen Sie ihn einfach. Ihre Inhalte sind sofort im Internet verfügbar.

17. Online-Shop

Wenn Sie einen Online-Shop eröffnen möchten, der Ihre eigenen Produkte verkauft, können Sie weiterhin WordPress verwenden und ein Online-Shop-Plugin installieren. WooCommerce ist ein gutes Beispiel. Es gibt andere Plattformen, die Sie außer WordPress für Ihren Online-Shop verwenden können. Eine gute Option ist FreeWebStore.com.

Es gibt kostenpflichtige Plattformen, die Sie auch für Ihren Online-Shop verwenden können und die weitere Funktionen bieten. Die am häufigsten verwendete Plattform ist Shopify.com und es stehen verschiedene Pläne zur Verfügung

Zahlungsabwickler

Wenn Sie Ihre eigenen Produkte und Dienstleistungen verkaufen möchten, müssen die Leute Sie bezahlen können - das ist der springende Punkt, nicht wahr? Heutzutage gibt es viele Zahlungsabwickler, aus denen Sie auswählen können, um Zahlungen für Sie einzuziehen. Sie akzeptieren gängige Kreditkarten wie Visa, MasterCard und American Express sowie einige Debitkarten.

Zahlungsabwickler verdienen ihr Geld mit einem Prozentsatz des Verkaufspreises. Wenn Sie also ein Produkt haben, das für 27 US-Dollar verkauft wird, benötigt der Zahlungsabwickler möglicherweise 2 US-Dollar für die Verarbeitung der Zahlung für Sie. Sie müssen wissen, wie hoch die Provisionssätze sind, damit Sie dies in Ihre Preisgestaltung einbeziehen können.

Einer der beliebtesten und besten Zahlungsanbieter ist PayPal.com. Viele Leute haben bereits PayPal-Konten, um Dinge bei ebay.com zu kaufen. Wenn nicht, spielt es keine Rolle, da sie kein Konto haben müssen, um zu kaufen, was Sie verkaufen. Sie können eine gängige Kreditkarte für den Kauf verwenden.

Sie können sich kostenlos für ein PayPal-Konto anmelden, müssen jedoch Ihr Konto verifizieren, um es für den Verkauf von Produkten und Dienstleistungen verwenden zu können. Dies ist sehr einfach zu tun. Es gibt andere Zahlungsabwickler wie 2checkout.com und Stripe und mehr.

18. Besucher (Traffic) erhalten

Webseiten-Traffic sind die Besucher Ihrer Webseite, die sehen, was Sie zu bieten haben. Wenn Sie eine eigene Webseite haben, möchten Sie so viel gezielten Traffic wie möglich auf Ihre Webseite lenken. Es gibt kostenlose und kostenpflichtige Möglichkeiten, dies zu tun. Hier ist etwas sehr Wichtiges, an das Sie sich erinnern sollten:

Kein Webseite Traffic (Keine Webseiten Besucher) = Kein Einkommen

Sie müssen Besucher dazu bringen, online Geld auszugeben. Das ist alles, was zählt. Sobald Sie Ihre Webseite eingerichtet haben, müssen Sie nach Möglichkeiten suchen, dies zu tun, und regelmäßig daran arbeiten. Je mehr Besucher oder Webseite-Traffic Sie generieren können, desto mehr Geld werden Sie wahrscheinlich verdienen.

Breiter Traffic

Möglicherweise haben Sie Leute gesehen, die Werbedienste anbieten, um Ihnen Zehntausende von Besuchern für ein paar Euros zu schicken. Das ist breiter Traffic. Wenn Sie ein Produkt oder eine Dienstleistung vermarkten, die keine breite Palette von Menschen anspricht - z. Gewichtsverlust, dann werden Sie vielleicht feststellen, dass ein sehr kleiner Prozentsatz daran interessiert sein wird, mehr zu erfahren. Die Mehrheit der Besucher wird überhaupt nicht interessiert sein an dem was Sie anbieten.

Gezielter Traffic

Wie wäre es, Besucher auf Ihre Webseite zu locken, die tatsächlich an Ihren Angeboten interessiert sind? Denken Sie, dass einige dieser Besucher konvertieren könnten? Ja sie werden! Wenn Sie eine Webseite haben, die sich in der Nische der Eltern befindet und Menschen lehrt, wie man gute Eltern wird, müssen Sie Besucher finden, die daran interessiert sind.

Dies ist gezielter Traffic. Sie denken vielleicht, dass dies sehr schwer zu finden ist, aber es ist wirklich nicht so. Es gibt zwei Möglichkeiten, um gezielte Besucher zu erreichen: kostenlose Trafficmethoden und kostenpflichtige Trafficmethoden. Beide können Ihnen Besucher bringen, die an Ihrer Webseite interessiert sind.

Suchmaschinen und Social Media

Zwei der besten Orte, um Traffic zu erhalten, sind Suchmaschinen (Google, Bing, Yahoo usw.) und Social-Media-Seiten wie Facebook und Twitter. Der Verkehr von Suchmaschinen ist sehr zielgerichtet, da die Besucher nach dem suchen, was Sie anbieten. Der Datenverkehr kann in sozialen Medien weniger gezielt sein, ist jedoch viel besser als der breite Traffic.

Kostenlose Trafficmethoden

SEO

Bei der Suchmaschinenoptimierung (Search Engine Optimization, SEO) optimieren Sie die Seiten Ihrer Webseite, damit die Suchmaschinen vollständig verstehen, worum es bei Ihren Inhalten geht. Sie müssen "Keywords" in Ihren Inhalt aufnehmen, mit denen Besucher von Suchmaschinen Ihre Webseite finden sollen.

Ein Keyword ist ein Begriff, den eine Person in eine Suchmaschine wie Google eingibt. Diese Schlüsselwörter können ein Wort bis mehrere Wörter lang sein. Einige Beispiele sind:

- Erziehungsfähigkeit
- Geld verdienen online
- So stellen Sie Daten von meinen Festplatten wieder her
- Hostgator Bewertung

Eine gute SEO-Kampagne beginnt immer mit einer umfassenden Keyword-Recherche.Mithilfe des Google Keyword Planner können Sie so viele Keyword-Begriffe wie möglich finden, um sie dann in Ihre Webseiten aufzunehmen.

Sie müssen Ihre Webseiten optimieren. Sie müssen den Titel der Seite, die Beschreibung und die im Text verwendeten Schlüsselwörter genau beachten. Es ist wichtig, hier nicht zu übertreiben. Stellen Sie einfach sicher, dass auf Ihrer Seite mindestens eine Instanz der Keywords vorhanden ist, für die Sie ein Ranking erstellen möchten.

Sobald Ihre Seiten optimiert sind, benötigen Sie einige hochwertige Backlinks zu Ihrer Webseite. Dies ist kein SEO-Kurs. Der beste Rat ist daher, Links von verwandten Webseiten mit guter Autorität zu erhalten. Alternativ können Sie diese Aufgabe oder Arbeit an andere vergeben.

Hier ist ein SEO-Bonus für Sie. Es ist viel einfacher und schneller, ein YouTube-Video bei Google für Ihre Keywords zu bewerten, als Ihre eigene Webseite. Sie können ein Video über Ihr Unternehmen oder Angebot erstellen, es dann auf YouTube hochladen und für Ihre Keywords optimieren.

Forum Marketing

Es ist sehr wahrscheinlich, dass bei Ihrer ausgewählten Nische ein Forum vorhanden ist, in dem Sie Ihr Angebot bekannt machen können. Der einfachste Weg, diese Foren zu finden, besteht darin, Google zu verwenden und nach einem Forum in Ihrer Nische zu suchen, z. B. „Elternschaft".

Sie müssen Foren finden, die aktiv sind und viele Mitglieder haben. Ein Forum, das wie eine Geisterstadt aussieht, ist dafür nicht gut. Die andere Sache, die Sie überprüfen müssen, ist, dass das Forum "Signaturen" mit externen Links zulässt.

Personen, die daran interessiert sind, was Sie in Ihrer Signatur anbieten, klicken auf Ihren Link und werden zu einer Seite auf Ihrer Webseite weitergeleitet. Einige Foren erheben jetzt geringe Gebühren für Signaturlinks, aber wenn es viele Mitglieder gibt und diese aktiv sind, kann es sich durchaus lohnen.

Die Strategie, die Sie anwenden sollten, besteht darin, in den Foren, denen Sie beigetreten sind, aktiv zu sein und Beiträge zu verfassen. Sie können beginnen, indem Sie Fragen beantworten, die andere gestellt haben. Um zu zeigen, dass Sie Ihr Thema kennen, können Sie einen eigenen Thread im Forum starten und den Mitgliedern des Forums wertvolle Informationen geben.

Social Media

Social Media ist eine großartige Möglichkeit, Ihre Botschaft an andere weiterzugeben. Der Verkehr kann gezielt sein, da die Nutzer häufig auf Facebook, Twitter, Pinterest oder Reddit nach dem suchen, wonach sie suchen. Sie müssen Konten bei den Social-Media-Webseiten erstellen und dann darauf vorbereitet sein, ein gutes Profil zu erstellen und viele Beiträge zu verfassen.

Social Media ist keine Magie. Es ist nicht gut, nur eine Facebook-Seite zu erstellen und dann zu erwarten, dass Tausende von Besuchern sie finden. Gleiches gilt für alle anderen Social-Media-Seiten.

Das Starten einer Gruppe für Ihre Nische ist eine sehr gute Möglichkeit, Ihre Autorität zu demonstrieren und kostenlosen Traffic auf Ihre Webseite zu erhalten. Sobald Sie die Gruppe erstellt haben, können Sie sie an interessierte Personen senden und damit eine große Fangemeinde aufbauen. Sie können diese Personen finden, indem Sie Mitglied verwandter Gruppen werden und dann den Start Ihrer Gruppe ankündigen.

Sie können viel davon profitieren, wenn Sie Gruppen beitreten, die bereits auf Social Media-Plattformen eingerichtet sind. Wenn Sie an Unternehmen vermarkten, ist LinkedIn die beste Option. Für alles andere ist Facebook sehr zu empfehlen.

Ihre Fähigkeit, Fragen in der Nische zu beantworten und Menschen gute Ratschläge zu geben, wird Ihren Ruf als Experte schnell etablieren. Dies wird dazu führen, dass noch mehr

Menschen Ihnen Fragen stellen und Ihren Rat erhalten möchten, und es wird die Menschen dazu ermutigen, mehr über Sie zu erfahren, indem Sie Ihre Webseite besuchen.

Es steht außer Frage, dass Facebook-Gruppen und Gruppen auf anderen Social-Media-Plattformen Ihnen viel zusätzlichen Traffic kostenlos bringen können. Den Gruppen können Sie kostenlos beitreten und erfordern nur eine Investition Ihrer Zeit und Ihres Fachwissens, um die gewünschten Ergebnisse zu erzielen.

Blogging

Wenn Sie mit dem Thema „Expertenstatus" fortfahren, ist es eine weitere großartige Möglichkeit, kostenlosen Traffic zu generieren, wenn Sie ein eigenes Blog haben, in dem Sie regelmäßig Beiträge veröffentlichen. Alle besten Experten auf ihrem Gebiet haben einen eigenen Blog, in dem sie eine Anhängerschaft aufbauen und mit ihren Lesern interagieren.

Ihr WordPress-Blog verfügt über eine Kommentarfunktion, die für Sie eine Goldmine sein kann. Sie möchten Ihre Leser ermutigen, Kommentare zu hinterlassen, und Sie müssen schnell darauf reagieren. Dies schafft eine Bindung und Ihre Leser werden Ihnen viel mehr vertrauen und eher bereit sein, alles zu kaufen, was Sie anbieten.

Social-Sharing-Schaltflächen müssen in Ihrem Blog aktiviert sein, damit Ihre Leser Ihre Inhalte auf ihren Facebook-Konten usw. veröffentlichen können. Dadurch erhalten Sie noch mehr Berichterstattung, da ihre Freunde alle Ihre Beiträge sehen.

Sobald Sie eine gute Leserbasis für Ihr Blog aufgebaut haben, können Sie Ihre Produkte ganz einfach vorstellen oder die Produkte anderer empfehlen. Sie können kostenlosen Traffic direkt auf Ihre Verkaufsseiten und E-Mail-Anmeldeseiten leiten. Blogs können wirklich süchtig machen und wenn Sie interessante und informative Inhalte veröffentlichen, werden Ihre Leser nach mehr hungern.

Pressemeldungen

Viele Leute übersehen die Macht einer gut geschriebenen und verteilten Online-Pressemitteilung. Eine gute Pressemitteilung kann dazu beitragen, den Wert Ihrer Marke zu steigern, und sie kann SEO-Vorteile haben. Außerdem erhalten Sie Backlinks von einigen Webseiten von sehr guter Qualität.

Eine Pressemitteilung muss in einem journalistischen Ton verfasst sein und darf keine Werbung sein. Andernfalls wird dies von den Netzwerken sofort abgelehnt. Sie müssen nach einem „aktuellen" Element suchen und sich dann auf diese Seite der Dinge konzentrieren. Wenn Sie Ihre Pressemitteilungen schreiben, möchten Sie so viele Fakten wie möglich verwenden.

Email Marketing

"Das Geld ist in der Liste!" Dies ist kein Kurs zum Erstellen einer E-Mail-Liste und zum Marketing für Ihre Abonnenten, aber als kostenlose Trafficmethode ist es eine der besten, die es gibt. Wie viel kostet es, eine E-Mail an Ihre Abonnenten zu senden? Durch E-Mail-Marketing ist Ihnen der Zugriff auf Ihre Seiten fast garantiert.

Bei erfolgreichem E-Mail-Marketing geht es darum, die Leute dazu zu bringen, Sie zu mögen und Ihnen zu vertrauen. Betrachten Sie es also nicht als eine Möglichkeit, nur Angebote an andere zu senden. Mehrwert mit den von Ihnen gesendeten E-Mails. Sobald Sie dieses Vertrauen aufgebaut haben, werden Sie bei der Abgabe eines Angebots feststellen, dass eine große Anzahl Ihrer Abonnenten überprüft, was Sie anbieten.

Video Traffic

Videos sind eine großartige Möglichkeit, um Google-Rankings auf Seite 1 zu erhalten, aber sie sind auch eine gute Möglichkeit, kostenlosen Traffic auf Ihre Webseite zu erhalten. Viele Leute mögen die Idee, Videos zu erstellen, nicht, da sie entweder kamerascheu sind oder den Prozess für zu komplex halten. Für beide Probleme gibt es jedoch einfache Lösungen.

Sie können die Erstellung Ihres Videos auslagern. Für Online-Unternehmen ist ein Show and Tell-Video eine gute Idee. Sie können nachweisen, dass Ihr Produkt oder Ihre Dienstleistung effektiv ist, indem Sie ein Video darüber erstellen.

Hör nicht bei einem Video und YouTube auf. Erstellen Sie so viele Videos wie möglich und laden Sie sie auf YouTube, Daily Motion und andere Websites für die gemeinsame Nutzung von Videos hoch. Stellen Sie sicher, dass Sie die Titel und Beschreibungen Ihrer Videos richtig optimieren, damit sie in YouTube und möglicherweise in Google einen guten Rang haben.

Bezahlte Traffic Methoden

Es gibt verschiedene Methoden für bezahlten Traffic. Wir werden uns hier die beiden effektivsten ansehen:

Pay Per Click (PPC)

Suchmaschinenmarketing oder häufig als Pay-Per-Click-Werbung (PPC) bezeichnet, ist eine sehr gute Methode, um sehr schnell Besucher auf Ihre Webseite zu erhalten. Mit PPC zahlen Sie der Suchmaschine (z. B. Google für ihr Google Adwords-Programm) jedes Mal einen voreingestellten Betrag, wenn ein Besucher auf Ihre Anzeige klickt und auf Ihre Webseite gelangt.

Sie benötigen eine organisierte Liste mit Schlüsselwörtern und bieten dann für PPC-Beträge. Die Kosten pro Klick können so niedrig wie ein Cent und so hoch wie zehn oder sogar Hunderte von Dollar sein. Es hängt alles davon ab, in welcher Nische Sie sich befinden.

Es ist nicht so wichtig, die erste Anzeige auf Seite 1 zu sein, wie Ihre Anzeige für Besucher attraktiv ist. Oft haben Anzeigen auf der zweiten oder dritten Position eine bessere Leistung erzielt als Anzeigen auf der obersten Position. Der Schlüssel zum Erfolg von PPC ist das Testen und Kennen Ihrer Zahlen. Sie müssen wissen, wie viele Klicks durchschnittlich erforderlich sind, um einen Verkauf abzuschließen.

Die Kontrolle der Ausgaben ist sehr wichtig. Wenn der Keyword-Begriff häufig gesucht wird, können Ihre Werbekosten schnell die Höhe schießen. Sie können Ihre Werbekampagnen jederzeit anhalten, um dies zu verhindern.

Facebook Ads

Eine gute Alternative zur Verwendung von Google AdWords oder anderen PPC-Anzeigen für Suchmaschinen ist die Verwendung von Facebook-Anzeigen. Obwohl der Suchmaschinenverkehr am gezieltesten ist, können Sie gezielten Verkehr von Facebook erhalten. Sie können Facebook-Anzeigen verwenden, um Likes für Ihre Facebook-Seite zu erhalten, oder Sie können einzelne Beiträge bewerben.

Von allen Social-Media-Werbediensten erzielt Facebook wahrscheinlich die besten Ergebnisse für Sie. Sie können Ihre Zielmarktdemografie wie Alter, Geschlecht, Standort, Interessen, Einkommen usw. einfach definieren. Sie können auch bestimmte Berufe wie Zahnärzte, Chiropraktiker usw. angeben.

Wie bei PPC-Anzeigen ist es einfach, mit Facebook-Anzeigen zu testen, und Sie werden im Allgemeinen feststellen, dass die Kosten pro Klick niedriger sind. Es ist nicht ungewöhnlich, zwischen 10 und 15 Cent pro Klick zu zahlen. Sie können niedrigere Kosten erzielen, wenn Ihre Werbekampagne erfolgreich ist. Wie bei PPC müssen Sie Ihre Renditen messen. Unterbrechen Sie Kampagnen, die nicht funktionieren.